엄마의 옛날이야기

신은하 시인은 2021년 ≪리토피아≫로 등단했다.

e메일 : cosponica@daum.net

리토피아포에지 · 134
엄마의 옛날이야기

인쇄 2022. 9. 5 발행 2022. 9. 10
지은이 신은하 펴낸이 정기옥
펴낸곳 리토피아
출판등록 2006. 6. 15. 제2006-12호
주소 21315 인천시 부평구 평천로255번길 13, 903호
전화 032-883-5356 전송032-891-5356
홈페이지 www.litopia21.com 전자우편 litopia@hanmail.net

ISBN-978-89-6412-168-9 03810

값 10,000원

* 이 책의 저작권은 지은이와 리토피아에 있습니다.
* 잘못 만들어진 책은 바꿔드립니다.

신은하 시집

엄마의 옛날이야기

시인의 말

  단발머리 어린 소녀는 엄마가 들려주는 옛이야기를 즐겼습니다. 엄마는 사람들의 특징을 살려 흉내도 잘 내고, 당신 스스로 울고 웃으며 이야기 속의 주인공으로 딸의 추억 속에 각인되었습니다. 엄마는 가시고 소녀는 초로의 여인이 되어 그 옛날의 아련한 음성을 떠올립니다. 도란거리던 말소리, 웃음소리, 울컥하며 눈물짓던 모습……. 숱한 사연과 에피소드들이 엄마의 흔적이 사라지듯 사라져가는 것이 아쉬워 더듬더듬 써본 글들이 시집이 되었습니다. 세월의 강물에 떠내려가는 많은 이야기들 중 겨우 몇 개만 건져 올렸다는 생각에, 새삼 그리움의 차올라 마음을 적십니다. 엄마가 이 책을 읽으며 기뻐하셨으면 좋겠습니다.

2022년 6월
신은하

차례

제1부

봄	15
올봄에도	16
엄마의 옛날이야기 – 여순사건·1	17
엄마의 옛날이야기 – 여순사건·2	18
엄마의 옛날이야기 – 여순사건·3	20
엄마의 옛날이야기 – 여순사건·4	22
엄마의 옛날이야기 – 무얼 씻었니?	23
엄마의 옛날이야기 – 영자는 셋째딸	24
건강검진 결과 통보서	25
목청 큰 여자	26
너는 누구인가	27
카네이션 편지	28
나를 편집하다	30
어림잡아 헤아리기	32
가을 산행	33
열한 개의 다리	34
하얀 면장갑	36
빗속을 둘이서	38
사회적 거리두기 3단계	40

제2부
  일기   43
  힐끔거리다   44
  바람과 나   45
  얼치기 농부   46
  위로   47
  나는 잡초다   48
  수몰지에서 노래하다   49
  철없는 중년   50
  기다림에 대하여   52
  마트에서   54
  우리가 사는 법   56
  두 개의 별   57
  목련꽃을 기다리며   58
  번지다   59
  새벽의 비망록   60
  오늘을 기록하다   62
  산을 아십니까   64
  그래도 봄은 온다   66
  상상으로의 여행   68

제3부

이끼	71
언제나 처음	72
여우야 여우야 뭐하니	74
선택 장애	76
스러지다	77
순천만습지에서	78
나팔꽃 여인	79
항구의 밤을 듣는다	80
소망	82
꽃소식	84
여름 이별가	85
길	86
나무에게	88
엄마의 방	90
나는 섬이다	92
꽃길	93
산행	94
바람나다	95
뒤태	96

제4부

봉하마을에서	99
꽃무릇	100
할미꽃	102
산에만 가면 늦는다	103
산성을 표절하다	104
고무신	105
기억의 끝에서	106
길 위에서	107
겨울	108
눈이 내리네	109
그해 겨울	110
상봉	111
순천만의 홍학에게	112
불청객	113
상처	114
설레다	116
4월의 꽃	117
짝사랑	118
몽돌해변에서	119
흰눈썹황금새	120

해설 | **산병은** 나무와 풀과 바람과 꽃들 속에서 제 안부를 묻는 행복한 일탈—신은하의 시세계　　　　121

| 제1부 |

봄

그는 언제나 때맞춰 오고
나는 언제나 변덕스럽지.
늦을만한 사연 있어 제때를 맞춘 것이고,
빠를 만한 이유 있어 와야 할 때 오는데.
기다리고 설레발치면서
늦다고 투덜대고
한눈팔다 아차 놓치면
빠르다고 타박이다.
딱 맞아떨어지는 행운의 순간은
기억도 선명한 화인火印으로,
늦거나 빨라서 아쉬운 마음조차
진한 그리움으로 빛난다.
그런데 너, 오늘은 어디만큼 왔니?

올 봄에도

꽃이 피고 싹이 나고
벌 나비가 날아듭니다.
해마다 보아도
처음 본 듯 어여뻐,
자꾸자꾸 웃으며
우리도 그럴 수 있다면
그러고 싶네요.
나 그대에게,
그대 나에게.

엄마의 옛날이야기
― 여순사건·1

 헛간에 숨었다가 잡힌 젊은이를 즉결처형한다고 했단다. 운동장 한쪽에 세워두고 총을 겨누자, 울며 매달리던 어머니가 두 손을 겹쳐 총구를 막고 가슴으로 버텼다는데, 아버지까지 엉겨서 반란군과 실랑이하는 꼴에, 창백한 낯빛의 아들이 힘없이 피식 웃고 말았단다.

 그 뒤로 어찌 되었는지 몰라. 할머니도 기다리던 차례가 되어 불려들어갔거든.

 "살았을까요?"
 "어디 다른 데 끌고 가서라도 죽였겄시, 노인네들이 시생 결단하고 막는다고 봐주던 시절도 아니었은께, 어쩌면 같이 죽었을지도 모르제."

 부모의 자랑이었을 경찰관이라는 이름이 죽음으로 이끄는 액운이 되는, 역사의 격랑 속이었습니다

엄마의 옛날이야기
― 여순사건·2

 학교에 반란군 선전대가 들어와, 미술시간에 크레용과 백로지를 나눠주어 인공기를 그렸습니다. 완성된 것은 제출하고 몇 장씩 숙제로 받아와 집에서 자매가 함께 그려 벽에 붙였더니, 어머니는 기겁하며 당장 버리라 하셨지요.

 반란군이 진압되자 집집마다 군경의 수색이 시작되었는데요. 어머니는 우연히 방구석에 뒹구는 인공기 그림 뭉치를 보고 새파랗게 질렸습니다. 재봉틀을 밟고 서서 천장 위 작은 구멍 속으로 밀어 넣은 후 재봉틀을 치웠습니다.

 그들은 군화를 신은 채 방으로 들어왔어요. 한 군인이 다듬이돌을 끌어와 밟고 서서 천장 구멍에 손을 넣어 휘저을 때, 우리들 마음도 마구 헝클어졌지만 고맙게도 빈 손이었습니다.

그는 아버지의 새 중절모와 구두를 빌려 달라며 뺏어 갔지만, 하나도 아깝지 않았던 어머니는 부랴부랴 천장에서 종이 뭉치를 꺼내 불태웠답니다. 삶과 죽음의 순간이 번갯불처럼 번쩍이며 엇갈리던 시절이었습니다.

엄마의 옛날이야기
― 여순사건·3

 사고무친한 또복이형제의 오두막은 옆집이었습니다. 열댓살쯤 부모를 여의고 이 집 저 집 날품을 팔거나 허드렛일을 했지만, 건너다보면 중의 절터라 짠하다며 어머니는 담 너머 이런저런 온정을 건넬 때가 많았습니다.

 반란이 나자 또복이형제는 열렬한 가담자가 되어 신바람을 냈지요. 은혜 갚음을 하겠다고 어머니께 여맹위원장 자리를 추천한 형제에게, 무식해서 다른 일 귀찮다고 애걸복걸해서 이름을 지웠습니다.

 반란이 진압되고 또복이형제는 고문 끝에 처참하게 죽었다 했습니다. 기찻길 옆쯤에 가담자들이 묻혔다고 어두워지면 인적이 끊기는 철둑길을 출타하셨던 아버지가 밤중에 넘게 되었는데요, 기차도 오지 않는데 갑자기 침목이 뜨르르르 떨렸습니다.
 "숙경이 아부지!"

"……?"
"숙경이 아부지!"
"어이, 누군가?"
 또 침목이 뜨르르르 떨렸습니다.
"숙경이 아부지!"
"어이~ 또복이 자넨가?"
"……."
"숙경이 아부지!"
"어이~ 이 사람아 할 말 있으면 해보소."
 침목 떠는 소리 사이사이 부르고 답하면 침묵만 띄엄띄엄 받으며 어떻게 집끼지 왔는지 모르겠다고, 사립문 앞에서 주저앉은 아버지를 부축해서 안으로 모셨지요.

 자고나면 살얼음이 깔리던 초겨울 밤, 아버지는 땀으로 흠뻑 젖으셨더랍니다. 식구들은 또복이형제가 불쌍하다 했지만, 아버지는 두 번 다시 그 길로 다니지 않으셨습니다.

엄마의 옛날이야기
― 여순사건·4

 총소리가 콩 볶듯 요란하고 집들이 불타자, 어머니는 육남매를 업고 걸려서 집을 나왔습니다. 솜이불 하나씩 뒤집어쓰고 고샅길과 논두렁을 달려, 산언덕 아래 밭가에 줄줄이 웅크리는데, 총알이 피웅피웅 날아와 땅에 박히고, 눈 동그래진 아이들이 너도나도 탄피를 줍습니다.

"안 된다! 가만있어라."
"엄마엄마 이것 좀 봐 뜨끈뜨끈해!"
"어디어디 나도 보자. 저기도 떨어졌어."
"요기도 떨어졌어. 나도 주울래."
"제발 가만 좀 있어라, 이것들아!"
"아이고요! 어쩐다냐! 내 새끼들 다 죽겄다!"

 철부지들은 신기해서 방방 뛰고 엄마는 식겁해서 방방 뛰던 험난한 시절, 무사히 보낸 아이들은 잘 자라 모두 17남매를 보았습니다.

엄마의 옛날이야기
―무얼 씻었니?

 꼬맹이가 심부름 갔다 오면서 폴짝폴짝 뛰다가 엎어졌지요. 바가지에 담긴 것이 땅바닥에 쏟아지자, 무릎 까진 건 놔두고 허둥지둥 쓸어담아 근처 샘물에서 씻었습니다. 지나가던 이웃집 아줌마가 살피다 미소를 머금고 말을 건넸습니다.

 "아가, 뭘 그리 칼칼이 씻었쌌나?"
 "소금이요."
 울음 섞인 대답에 웃음을 꾹 참고 또 물었습니다.
 "그래, 잘 씻어지냐?"
 "흙만 씻을라 했는디 소금이 사꾸사꾸 없어지네잉!"

 아이는 참았던 울음보가 "와~ 앙" 터졌고, 아줌마는 웃음보가 터졌습니다. 함께 손잡고 집으로 가 사정을 말하니, 김칫거리를 다듬던 동네 아낙들이 배꼽을 잡습니다. 동네가 떠들썩하게 웃어대자, 마침내 꼬맹이도 헤벌죽 웃었습니다.

엄마의 옛날이야기
―영자는 셋째딸

"짜잔한 가시내야."
"뭐어? 이 나쁜 년아."
 털털한 첫째가 못마땅한 꼼꼼이 둘째는 늘상 시비를 걸어 다녔습니다. 어머니가 노기 띤 얼굴로 매를 들면, 둘이 한 소리로 다급히 막내를 부릅니다. "영자야!"
 다섯 살배기 이쁜이가 달려와 두 언니를 방구석에 몬 다음, 힘껏 펼친 치맛자락 뒤에 감추고 반짝이는 눈을 흘기며 도리질을 합니다. 어머니는 매번 빙그레 웃으며 돌아서고 말았지요. 꾀꼬리처럼 노래하던 아이는 그해 가을, 경끼로 손 써 볼 새도 없이 죽고 말았습니다. 어머니는 날이면 날마다 작은 무덤에 사탕을 뿌리며 울며 뒹굴다 지쳐 잠들었다가 해지면 내려왔습니다.
 어느 날 무덤 위쪽 돼지막 때문에 소리치며 싸우다가, 야차 같은 얼굴로 쇠스랑을 치켜든 돼지치기에게 쫓기는 꿈에서 깬 그 날 이후, 셋째딸을 찾지 않으셨어요. 영자는 새가 되어 멀리멀리 갔다고만 하셨습니다.

건강검진 결과 통보서

  몸무게와 혈압은 평안과 불안의 변동지수에 비례함. 신체와 중력의 균형이 깨어지면 허리가 굽을 수 있으니 요주의. 시력과 청력은 약간 떨어짐. 가는 귀가 먹어 뒷담화는 청취불가. 잔 글씨는 안보이니 세상사 너그러워져 정신 건강에 유익함. 위장은 건망증을 달래며 열심히 위액 분비 중이니 자극적 음식과 과식을 피하면 무사통과. 심장은 관절염으로 약간 더딜 뿐 펌프질 정상 작동 중. 유방과 자궁의 노화로 생산 가동 종료. 성 정체성과 존재의 근원을 알리는 상징으로는 굳건함. 당신의 마음 성분 비율 사랑 50% 유동성 20%. 사랑이 세포변형된 미움 30%는 콜레스테롤 수치를 높이니 주의 바람. 지속적인 운동과 관찰이 필수.

목청 큰 여자

분갈이하다 다쳐서 이 년을 앓다가 봄부터 살아난 문주란,
이태 전 키다리 허리춤에서 크는 아기 한 촉 업어온 행운목,
단짝 친구로 자라나 쌍둥이 초록 분수로 솟구치니
어쩌면 올여름쯤 꽃도 보겠다며 날마다 눈 안에 넣고 설렌다.

부잡해진 베란다 청소하던 남편,
걸리적거린다고 문주란 이파리 셋 싹둑 잘라 버렸다.
학창시절 두발 단속에 걸려 쥐 파먹은 듯한 머리칼처럼
속상해, 쩌렁쩌렁 고함을 쳐댔다

뜬금없는 가위질이 웬 말이냐고,
잠들면 한쪽 머리 밀어줄 테니
편한 잠 자려면 원상복구하라고.

집안일 돕겠다 설레발치다 갖은 악담 다 들은 그 남자는,
우리 각시 목청 커서 가수나 정치하면 잘하겠다고,
비 맞은 중처럼 궁시렁대며 제 방으로 쏙 들어가 버렸다.

너는 누구인가

아무리 생각해도 짐승이다.

가늠할 수 없는 몸집 뒤척이며
으르렁거리는 들숨과 날숨
우주의 비밀을 기억하며
태초부터 키운 속 깊은 너그러움도
어떤 날은 거칠게 울부짖는 야수로
어떤 날은 물빛처럼 하염없는 노래로
쉼없이 달려가고 엎어진다.
은비늘 햇볕 쬐는 날 투명하게 출렁이는
가도가도 꿈틀대는 푸른 살결 아래
고래랑 물범이랑 거북이
크고 작은 물고기
꽃게와 말미잘과 물풀들을 키우고
난파선과 수중고혼들을 품은 너의 이름은 바다.

땅 위에 사는 짐승이다.

카네이션 편지

 선생님, 여문공원 오른쪽 사잇길로 올라가 보셨나요?
 여윈 나무들과 키 작은 풀꽃들 사이사이에 은난초가 피었습니다.
 꽃도 황사도 해마다 오지만 표정은 제각각인데,
 엄마의 부재보다 떠나신 지 이태만에 무더덤해진 마음이 더 쓸쓸합니다.

 치렁치렁 레이스 달고 금박 입힌 겉치레를
 묵묵히 걷어내 주시는 님의 손길에서,
 천수답을 옥토로 바꾸려는
 농부의 발자국 소리를 듣습니다.

 어미의 자리에서
 아이들에게 마땅히 주어야 할 것을 다시 배우는 오월,
 닦아도닦아도 쌓이던 먼지가 하룻밤 빗물에 말끔해졌어요.

비를 맞으며 은난초가 웃고 있네요.
제 딴엔 비밀스럽다는 것이
꼿꼿이 서서 하얗게 빛나며
숲에서 놀다 길까지 뛰어들었습니다.
얼굴 붉힐 줄도 모르면서
고개 숙인 채 입 가리고 웃는 것이,
볼수록 내숭스럽습니다.

선생님,
이 아이편에 안부를 전합니다.

나를 편집하다

길거리 분수대의 아이들처럼
흠뻑 젖은 채 웃으며 뛰놀았으면.
친구는 저만한 손주도 봤는데
나잇값을 해야지.
말도 안 되는 어떤 일
치미는 부아를 와락 쏟아 버릴까.
돌아서면 후회할 텐데
품위를 지켜야지.
자질구레한 걱정 다 잊고 한 달쯤
아니 일주일도 많아
1박 2일만 유람하면 좋겠지만
나 없는 자리 삐걱거릴까 봐 안 되겠다.
꿈과 이상도
살아남아야 싹 트는 법인데
어쩌려고 뺄 생각이냐고
색종이꽃 만들 듯 가위로 오려낸 동그라미
굴렁쇠처럼 굴리며 간다.

비틀거릴 때마다
좁은 모퉁이마다
걸리는 모서리 깎고 깎았더니.
작아진다.
작아진다.
한없이 작아진다.

어림잡아 헤아리기

펑펑 우는 이에게
왜 우느냐고 물어도 대답할 수 없어요.
배를 잡고 깔깔 웃는 이에게
왜 웃느냐고 물어도 역시 그렇죠.
그냥 보아도
눈물이나 웃음 방울이 튀어와 번집니다.
불타는 노을에게도
왜 그러느냐고 묻지 마세요.
열정을 다 쏟았던 사랑의 끝은
미련 없이 추억만 아름다운데,
주지 못한 마음
받지 못한 마음 쌓이고 쌓여 뭉쳐진,
불씨만 있으면 활활 타오르는 그리움 한 무더기.
날 저물 때마다
붉디붉게 태워도 재가 되지 못하고
죽어도 버릴 수 없어 살아 핏빛 설움
온 천지 물들었습니다.

가을 산행

우물쭈물하다
꽃도 못보고 시월이 간다고 안달하다
토막 시간에 산에 든다.
투구꽃은 투구를 벗고
뚜껑덩굴은 뚜껑 열었는데 뭐하러 왔냐고
어치도 딱새도 힐난한다.
염치없지만 혹시 남은 꽃 없냐 물었더니
이거라도 괜찮냐고
도깨비바늘이랑 도둑놈의 갈고리만 잔뜩 붙여주길래,
고슴도치 다리로 내려와서
산길 초입에서 실그머니 떼어 돌려주었다.

열한 개의 다리

너에게 가는 물길
솟구치는 포말 속에 숨었다.
바람도 때로는 지쳐
부드러운 속내로 스치니
갯바위처럼 묵묵히 기다려도 좋으련만,
바다 건너 두고 온
꽃 같고 별 같은 정 때문에
밤새 철썩이는 마음으로
첩첩이 쌓고 다진 다릿돌로
뭍과 섬
섬과 섬을 잇대어 허공에 띄운 꿈으로
곧은 몸 쭉 뻗어 길이 되었다.
그대, 나를 밟고 피안으로 건너가시오.

거미줄처럼 펼쳐진 소망
고정하고 지지하는 쇠심줄 고집으로
짠 내 나는 폭풍우도 잘 버텨내겠다.

외롭고 그리워
하염없이 흔들리는 외딴 성채를
다정하게 이름 불러준 사람들이
태산 같은 믿음으로 건너는 고해의 바다,
깊고 푸른 물결 위에서
깊고 푸른 하늘 아래서
키대로 누워 중심 잡은 가교는
파도 들이치고 햇살 쏟아질 때마다
무장무장 단단해지겠다.

하얀 면장갑

그는 예순여섯이다.
젊은 날 사고로 한쪽 눈을 잃고 의안으로
멀쩡한 척 시치미 떼고 살아온 그의 세월은
박제한 청사진을 추억처럼 걸고
오래된 앨범만큼 색 바랬지만,
공단의 파이프라인을 오르내리며
후들후들 버티는 중이다.

오 년 전쯤에
마주 든 철판을 놓는 순간의 오차에
왼손 검지 반 마디가 날아갔다.
원청회사가 무서운
하청회사의 누르기 한 판에
이 눈치 저 눈치 살피느라
산재처리도 손가락 따라 날아갔다.
공상으로 지방의 한 병원에서 적당히 봉합한 검지는
뭉툭한 표정으로 기가 죽어

자꾸만 물건을 떨어뜨린다.

재작년 동짓달엔
파이프에서 분사된 초산의 세례를 받은 손가락들이
살 껍질을 홀라당 벗어버렸다.
낯 붉히는 속살에 약 듬뿍 바르고
예식용 하얀 면장갑을 끼고 살았지.

작년 여름 뇌경색으로 편마비가 왔는데
3개월 입원하고 퇴원 후 해가 바뀌었다.
실업급여를 받으며 재기를 꿈꾸는 남자,
평생학습센터 중국어회화 초급반 말뚝 박았던 그 남자,
자기만큼이나 어수룩하고 늙은 각시 손 잡고
장가계 구경 가고 싶은 그의 꿈은
무기한 유예되었다.

빗속을 둘이서

비 예보 괜찮겠지 짝지를 꼬드겨 나선 산행길,
줄딸기 깽깽이풀 노랑제비꽃은
연분홍머리핀, 엄마의 보라색브로치, 샛노란 병아리 같다.
제법 굵은 빗방울이 산중턱까지 따라오니
짝지의 아우성도 후두둑 떨어진다.
"도로 내려가세."
"장대비도 아닌데 여기서 돌아가자고? 비옷 입고 조심조심 가던 길 가세 응?"
"꽃쟁이각시 신랑은 이 정도는 기본이야."
어르고 달래며 간다.
"이거 봐, 각시붓꽃, 이쁘지?"
"왜 각시붓꽃이야?"
"각시가 이쁘니까! 나 안 이뻐?"
"이건 옥녀꽃대, 이것도 이쁘지?"
"그래그래 이쁘네, 이뻐."
"야호! 윤판나물이다! 작년에는 못 만났는데."
"빨리 가자, 비 많이 오면 운전도 힘들어."

"할미꽃 보고 가세."
"어이! 그만하고 가. 비 오네 어이!"
"아이 참! 조금만 기다려 봐아아."
비는 오락가락, 부부는 옥신각신,
빗물 머금고 생각에 잠긴 풀꽃들
꽃잎 흔들어 물 뿌리며 투덜투덜,
'시끄러운 사람들이야.'
산작약 노랑무늬붓꽃 피었던 자리 못 보고 돌아온다.
다음에 보자꾸나.
인연이 되면 보고 안 되면 될 때까지 기다리는 것이
그리움이다.

사회적 거리두기 3단계

돌림병이 심해지면
우리 모두 겨울잠을 자야 할지도 몰라요.
반달곰처럼 저체온을 유지하고
다람쥐처럼 심박수를 줄여
아름다운 꿈을 꿀 거예요.
동면에서 깨어날 봄날을 위하여
따순 햇볕과 재잘거리는 물소리
친구들 웃음소리 기약하며 도토리를 모았어요.
눈발 흩날리는 겨울 아침
신나게 길 떠날 수도 있지만,
지금부터 모든 것 멈추어야지요.
면벽 수행으로
내 안의 고요 속에서 깨달음 하나 얻는다면,
나도 지구별도 좀 더 맑아지겠죠.
그대, 오늘은 문을 열지 마세요.

| 제2부 |

일기

들리지도 않고 보이지도 않으면서,
내 안에 살고
저 밖에도 사는 것이 공기만은 아니다.
동반자가 있고 도반도 있고
나뭇잎만큼 많은 애착에도 불구하고,
걸핏하면 외롭고 심심하면 그리워
묵정밭을 헤매던 마음들이
잉걸불처럼 타오른다 해도
때가 되면 스러지고 말겠지.
지나가는 계절과
다가오는 계절 사이
기억의 징검다리 밟으며 건너는 그곳이 어디라도,
또 다른 길에 잇닿아 있고
그때가 언제라도 내가 가는 길이다.
오늘 밤도 별이 뜬다.

힐끔거리다

왜 쳐다볼까.
느낌 있지만 혼자만의 상상이다.
물어볼 수 없고 말해줄 수 없어
살펴보다 들키면
스치는 시선인 듯 모른 체하거나.
그대도 나를 보고 나도 그대를 보니
피장파장이겠지 새침을 떤다.
밤하늘의 별과 달
들판의 꽃과 나무는
보고 또 봐도 질리지도 않고
민망할 일도 없지만,
나도 모르게
자꾸만 누군가를 훔쳐보는 까닭은
그 사람의 어디쯤
숨겨둔 꽃이 피고, 별이 빛나는지
궁금하기 때문이다.

바람과 나

솔직함은 선명한 색이다.
노골적으로 드러난 꽃의 마음
참새나 사마귀가 숨었을지라도
설렘이 너울대는 나비의 날갯짓,
모든 이야기의 시작은 표현과 선택이다.
우리는 얼마나 많은 그리움을
한사코 외면하며 살아왔던가.
사랑이나 꿈 또는 그 무엇을 숨기고
쫓았던 것이 아름다운 무지개였다 하여도,
본능을 거스른 기억은
발바닥의 티눈처럼 못이 박혔다.
버릇이 되어버린 눈치
핑계 대지 말라고 나무라면서,
어떤 대답도 듣지 못할 줄 알면서
바람에게 물어보았지.
늘 그렇듯 바람은 저 홀로 휘몰아치다가
제풀에 잦아들었다.

얼치기 농부

노는 땅을 빌려 텃밭을 만들었습니다.
도시에서 자라
감꽃과 감자꽃도 몰랐지만,
농꾼들 어깨너머 눈동냥 귀동냥하며 흉내 내기 서너 달.
몇천 원이면 사먹을 걸 흙 묻히며 고생하냐지만
손수 씨 뿌려 키운 먹거리는 입보다 마음이 맛있습니다.
열무, 상추, 고추, 파, 호박, 깻잎,
또 뭘 심을까 궁리 만발이구요.
엊그제는 비 예보를 믿고 마른 날씨에도
고구마순을 심었는데요,
비는 안 오고 초여름 햇볕에 속을 태웠습니다.
뒤늦게 떨어지는 빗방울 어서 오라 반기며
천생 농부로 사는 분들 마음 한쪽 들여다보아도,
성마른 천성은 벌써 고구마를 캐서 굽는 중입니다.
구수한 냄새에 침이 꼴딱 넘어갑니다.

위로

다림질하다 새옷을 태웠다.
구멍 난 옷 위로 우울이 실비처럼 내린다.
기분 전환하자고 라면 먹고 과일 먹으며
인생이 라면국물처럼 얼큰 따뜻하던지
과일처럼 아삭 달콤하면 좋겠다.
어느 날 갑자기
삶이 늘어붙어 구멍 나지 말기를.
때로는 작은 실수 하나에 세상이 뒤집히기도 하지만
신호등 불빛처럼 오는 짧은 깨달음으로
준비할 수 있기를.
언제 죽을지 몰라도
영원히 살 것처럼 살던 옛사람은
죽어서 살기도 하더라만.
나는 거룩한 이름을 꿈꾸지 않고
산새처럼 지저귀며 놀다 가겠다.
그러니 옷쯤이야 어떻든
정말 괜찮다.

나는 잡초다

밟히는 일이 다반사라고 아프지 않을까.
쳇바퀴 도는 다람쥐 업보일까.
갚아야 할 산더미 빚 날마다 탕감하듯
수십 번 죽었다 살아나 고집스럽게 숨 쉰다.
꽃은 볼품없으나 햇빛 지향이다.
유일한 무기는 유연성이다.
밟히면 눕고 풀리면 일어난다.
바람의 방향을 가리키지만 나는 버틴다.
슬픈 눈물 한 방울도 뿌리에서 마셔 버리자.
아픔 한 오라기
기억으로 붙들지 말고 사랑으로 엮을 것.
오늘도 나는
누렇게 시든 이파리 속에서
불사조처럼 기지개 켜는 중이다.

수몰지에서 노래하다

계수나무 베어내고 옥토끼 도망갔네.
눈치 보던 그리움이 찬바람 맞고
보름달만큼 부풀 때,
시골집 감나무 홍시 익을 대로 익어서
저 홀로 떨어져 터지면,
비명소리도 없이 선혈이 낭자하다.
누구네 문전옥답은 고속도로가 되고
재 넘어가던 마을은 물속으로 잠겼어라.
모두 떠난 집집마다 대문 열린 마당에서
무성한 풀들이 바람 따라 춤추는데,
동무들과 물장구치며 뛰놀던 추억은 고집스럽게
달빛 아래 서서 떠날 줄 모르네.

철없는 중년

객지에서 기쁜 소식이 왔습니다.
외삼촌 형제가 나란히 찍은 사진과 함께
삼남매의 옷 선물이었죠.
이름표가 붙은 옷 하나씩을 들고 펄쩍펄쩍 뛰는데
나는 울상이 되었어요.
삼촌들의 착각으로 감 좋은 일제 반바지는
남자아이의 것이었지요.
옷이 하나 더 생긴 작은 오빠는 입이 찢어지고,
내 기쁨은 순식간에 사라져 울먹이다가
점점 섧게섧게 울었습니다.
언니 오빠는 슬그머니 잠잠해지고
달래던 할머니랑 엄마까지 훌쩍거리셨지요.
"짠해 죽었다. 어멈아, 하나 사 입혀라 잉?"
"엄마 간주 타면 꼭 사주께 뚝 그쳐."
무서운 표정을 보태어 내 울음을 끊으셨지만,
빠듯한 형편에 약속은 늘상 미루어졌습니다.
가끔 사는 게 버거울 때마다

외삼촌들 사진을 꺼내보며 눈물짓던 엄마보다
훨씬 더 나이가 들었지만,
나는 아직도 외삼촌께 서운해 옷 한 벌 얻어 입고 싶으니
언제 철들지 모르겠습니다.

기다림에 대하여

저녁 어스름이 내리면
엄마를 기다리다 잠이 들어도
아침에 깨면 계실 줄 알아 단꿈을 꾸었지요.
세월이 흐르며
기다리는 사람은 엄마가 되었지요.
학교 갔다 오기를 기다리고,
일터에서 돌아오길 기다리며,
밥과 구들목을 따뜻하게 데워놓던 어머니.
병실에서 힘없이 기다리시던 것도 옛일입니다.
언제부턴가 엄마를 기다리지도 않고
엄마도 나를 기다리지 않습니다.

끝없는 평행선이거나
한 바퀴 돌아올 수 있는 원점도 아니라면,
어느 모퉁이를 스쳐 갈
한 오라기의 인연이라도 남았을까,
막연한 생각은 기다림이 되지 않고

엄마가 된 나를 기다리던 아이들도 청년이 되어
제 길 닦기 바쁘지요.
내일은 전화 올까, 다음 달에는 오려나,
기다림에 서성이지 않고
구절초랑 산국이 방실거리는 갯가길을 걷겠습니다.

마트에서

어릴 적 구멍가게에서 오렌지색 설탕물 훔치다 들켜
엄마한테 이불처럼 두들겨 맞은 뒤 눈깔사탕 하나 얻었지.
수십 년 후 크고 화려해진 가게에도
철부지들은 슬쩍하다 들통나지만,
나름 들끓는 갈망의 풀무질이었어.
어른들은 그들대로 풍족과 안락을 위하여
풀방구리에 쥐처럼 들락거리지.
살아가는 일은
허기를 채울 끝없는 소비에 허덕이는 일이었어.
삶의 지평이 흔들릴 때마다 무언가 사서 쟁이고
계절 따라 산야가 바뀌듯 진열대 구색도 달라지는데,
그 모두를 감싼 포장재의 이기심은 썩지 않는다.
이천 년 모아 수십 억 년 지구를 질식시킬
질 좋은 플라스틱과 비닐과 스치로폼 속에서,
백골보다 질긴 무심함이여,
그리움조차 아무 데나 쓰러져 잠들고
낯선 거리의 불빛은 쓸쓸해,

어둠처럼 소리도 없이 외로움 들이칠 때
우리 설 자리 어디인가.

우리가 사는 법

모든 목숨붙이는
후손을 두어 끝없이 살고자 하지만
꾀주머니는 천차만별입니다.
사람은 나무처럼 붙박힐 수 없어
백 년쯤 떠돌기로 합니다.
행복을 찾아서
혹은 진리를 찾아서 떠난 자들은
꿈을 이루어 돌아오지 않는 것인지,
아직 떠도는 무리들의 세상은 길목마다
네온사인 불빛을 흔드는데,
어떤 이는 평생
작은 운동장의 트랙을 뱅뱅 돌면서
달빛 일렁이는 호수였다가,
물굽이 휘몰아치는 여울의 끝
땅 밑으로 숨은 길을 내는 마음,
자반 뒤집기 하면 봄 여름 가을 겨울
절로 가고 절로 오더랍니다.

두 개의 별

우리 생의 증표는
밤하늘 빛나는 별로 걸어두었다.
걱정거리는 그믐달처럼 깎아내고
희망은 초승달처럼 자라나고,
어둔 산그림자 위로 두둥실 떠오르는
어머니 보름달이,
열망으로 깜빡이는 지상의 별들을
가만가만 달래어 잠재우신다.

목련꽃을 기다리며

세상은 인연의 텃밭이라네.
싹 틔우는 건 하늘의 일
가꾸는 건 사람의 일이라더라.
저 넓은 텃밭 한 귀퉁이
내 몫을 삼아 알뜰살뜰
틈만 나면 눈 맞추는 초록 이파리,
끊어질 듯 끊어지지 않는
이어질 듯 이어지지 않는
모든 길은 필연을 향하여 간다.
꽃과 나비 함께 쫓던 그대는 멀리 있지만
그리움은 철없이 푸르러,
별빛 달빛 내리는 언덕 뛰노는 삭풍에
목련꽃 부푼 숭어리 복슬복슬하다.

번지다

꽃의 웃음과 향기가 번지면 나는 꽃순이어요.
친구들에게 내 마음이 절로절로 한 방울 두 방울 튀어요.
"인동덩굴인데 향 좀 맡아봐.
흰 꽃으로 피었다가 벌이 수분하면 노란 꽃으로 바뀌는데,
벌에게 수분 안 된 흰 꽃을 보여주려는 거야."
"와아~ 진짜 신기하다아!"
"이쁘기도 해라. 근데 옆에는 무슨 꽃이야?"
꽃의 웃음과 향기도 번지면 마음이 부들부들해져요.

시의 맛과 매력이 번지면 사랑에 빠집니다.
어니서나 틈만 나면 시를 주워요.
톡톡톡 빗방울소리처럼
까톡까톡 글방 벗님들 시 줍는 소리도 무시로 들려요.
꽃의 웃음과 향기가 옷자락에 튀면 꽃무늬가 생겨요.
삼복더위도 엄동설한도 살짝 기가 죽어요.

새벽의 비망록

빛을 기다리지 않고
어둠 속으로 나가는 이들은 약속이 있다.
등불을 빌려 하루를 열어 부스럭거리는 소리에
새벽이 일어나고,
단꿈에 젖은 사람들 몰래 동녘 점점 붉어 오지.
밤새 뒤척이던 걱정도 신음소리 뱉아내던 병마도
아침이면 한 고비 넘긴 것이지.
세상은 예정대로 굴러가지만
꼭 그렇다고 장담할 순 없어.
변수는 불안과 설렘의 어머니
우리는 희망에 방점을 찍고 문을 열었어.
멀리서 다가온 미래는 현재가 되고
손잡았던 현재는 과거가 되며,
닫힌 문 안쪽에 박제될까 봐 무섭다.
시간이 자꾸만 흘러가는 개울에 발 적시는 길을
어떤 영웅도 무지렁이도 피해가지 못해,
다만 흔적을 남기려는 것이 역사가 되고,

추억이 되거나 잊혀질 눈물일지라도
오늘은 선물이다.

오늘을 기록하다

작년에 새로 솟은 무덤 하나
아기 무덤 데리고
산기슭 햇살에 금잔디 곱게 입었습니다.
유인 아무개의 묘
하얗게 각진 슬픔 아직도
상석 위에 반짝이는데,
오솔길 끝 아주 오랜 무덤도 있네요.
몇 세대를 지났을까,
가문의 흥망인지 후손의 무심함인지
비석은 모로 누워 풀숲에 잠들고,
무너진 봉분 위 아까시나무는 새순 푸르렀지요.
제비꽃, 양지꽃, 엉겅퀴 앞다투며
한 무더기 꽃다발 안겼네요.
삶과 죽음은 아름답고도 쓸쓸한 것이지만
돌고 도는 세상이라고 맑게 웃어요.
기억을 소환하는 건
아무도 모르는 시간의 비밀이라서,

잊고 싶지 않아서,
잊혀지기 싫어서,
이면지에 주절주절 지껄이고
날짜 쓰고 서명날인 합니다.

산을 아십니까

백야도에만 있다던 깽깽이풀이
만성리 굽어보는 마래산에도 살구요.
중부 지방에만 핀다던 중의무릇이
다리 건너 금오산에도 핍니다.
제주도에 무성하다는 멸종위기종 으름난초가
순천 조계산 자락에 숨었습니다.
둘레길 좀 걸어봤다고 그 산 다 아는 척 착각했지요.
생명은 겉모습보다 훨씬 많은 걸 몸 안에 숨겼으니
하물며 그 모두를 품고 있는 어머니 산인데요.
몸속 실핏줄과 오장육부
얼굴 뒤에 숨겨진 복잡한 뇌구조
천 길 우물 같은 마음속까지 하나도 모르면서.
자존하고 자애하며 자랑하는 우리 자신처럼
계곡마다 개구리 도롱뇽 배암이 꿈틀꿈틀.
바람꽃 별꽃 앵초 한들한들
산벚나무 생강나무 멀구슬나무 만세 부르면,
벌나비랑 산새들 날아드는 풍경 뒤

오솔길도 없는 곳에 숨겨둔 산의 비밀은 헤아릴 수 없어요.
사계절 우뚝 버티고 선 초록의 빙산입니다.

그래도 봄은 온다

새들도 사람도 설레발 치며 기다리는데
기다리던 그대보다 먼저 달려온 건 산불이다.
바람 타고 춤추며 들이치는 불꽃의 광기에
소방차 사이렌 소리, 헬기 프로펠러 소리,
와르르 폭삭 우지끈 쾅,
화르르화르르 날름거리는 불꽃의 낯짝에
물을 뿌려도 광기는 잡지 못했다.
아우성이 통곡으로 치닫는 폐허에서
농땡이 치던 봄비가 뒤늦게 바쁜 척하고,
슬픔보다 질척거리는 악몽이 시뻘건 얼굴로
밤마다 멋대로 들락거리지만,
검은 폐허엔 흰 연기만 피어오른다.

아는 친구, 모르는 친구,
매캐한 연기를 헤치고 앞다퉈 달려오는 걸 봐.
괜찮지 않지만 괜찮아질 거야.
길 없는 곳도 사람이 많아지면 길이 생기고

희망이 찾는 곳은 진실로 절망한 마음이라고,
그래도 봄은 온다고
우리는 언제나 오늘에 산다고.

상상으로의 여행

설거지를 하고 수도꼭지를 잠그면
먼 데서 방울새란 꽃 피는 소리
사르륵 들리는 듯합니다.
빨래를 널다가도
올괴불나무 빨간 구슬 두 쪽
영그느라 용쓰는 소리 얼핏 들리구요.
일하다 잠시 손을 놓고 먼 산 보노라면
물총새 내리꽂혔다가 튀어오르는 소리.
작은 물고기 파닥거림까지 바람결에 묻어오는 듯
풍문으로 보고 들은 이야기들이 쌓여
직접 보았다는 그들보다
생생하게 펼쳐오는 기억들.
은밀한 향을 뿜으며
신록 틈에서 자기만의 색을 지으며
귓전을 간지럽힙니다.
고요 속에 잠긴 그리움도
한 뼘 더 깊어집니다.

| 제3부 |

이끼

그대가 나를 볼 때
어디가 줄기이고 잎인지
뿌리의 경계조차 애매할 거여요.
물에서 뭍으로 이사 온 나는
온몸 가득 물을 머금어요.
흙과 돌, 나무와 물속 어디든 좋구요.
찬 바람 드센 잿빛 황무지도 괜찮아요.
음산하고 거친 땅에 스미는 한 줌 햇살이면
초록의 융단을 펼치죠.
생명 가진 것들 주춤주춤 따라와
서로 기대어 살다 보면,
시간도 흐르는 물 같아서
천 년 세월 머금고,
세상의 그늘마다 엉겨붙어 반짝이는 눈동자
이끼꽃을 피웁니다.

언제나 처음

엄마의 자궁은 정말 포근했지만,
점점 작아지는 옷 같아서
나는 어둠의 요람을 빠져나왔어.
세상은 환하고 상쾌했지만
허우적대다 깜짝깜짝 놀라기도 했었지.
하나둘 알아갈수록
시야가 넓어질수록
너무 커 실체를 알 수 없더라.
초등학교 입학식날 가슴에 달았던 손수건,
중학교 입학식날 나폴거리던 단발머리,
막 길러 짤막한 갈래머리 이쁘게 땋으려 애쓰던 여고생,
모든 날 모든 순간이 처음이고 마지막이었어.
지난 시간은 건너려 발을 떼면 사라지는 징검다리였지만,
집으로 가는 길은 날마다 열려있어 버틸 수 있었지.
문득 돌아본 옛날은
첫 직장, 첫 만남, 첫 결혼, 첫 아들, 첫 둘째, 첫 이별,
출발점마다 방점을 찍어두고 가끔 하늘에 펼치면

스치던 비둘기 한 쌍 흘깃,
제목만 읽고 허공을 가르며
오늘을 향하여 날개를 펄럭이는 거야.

여우야 여우야 뭐하니

오늘처럼 여우비가 내리면 여우 시집가는 날이라지만,
산중에 여우는 간 곳 없고
동물원의 풀 죽은 여우만 아는 사람들이 훨씬 많아,
여우복원사업 한창이라네요.

옛날 옛적 길손이 여우고개 무서워
얄미운 이는 여우 같은 놈, 여우 같은 년 하구요.
여우골 박서방이 풀꽃 이름 짓기를
아홉 개의 꼬리마다 구슬을 감추는 전설처럼
이파리 밑에 숨어 알알이 익어가는 열매는 여우구슬이구요.
엇비슷한 건 여우주머니,
여우 지린내 나서 여우오줌,
홀쭉한 여우 얼굴 모양 이파리 여우팥,
잎 진 가을의 열매 쌍쌍이 까만 눈망울 같아 여우콩이랍니다.

늑대나 호랑이, 황새처럼
여우 나는 산골 이야기는 그림책에서 배우고,

살아 있는 모습은 동물원에서 만나는 건 씁쓸한 일이죠.
다람쥐랑 산토끼며 박새, 곤줄박이, 오색딱따구리처럼
둘레길 나무덤불 뒤에서 조심스레 살피는,
작고 겁 많은 짐승 우연히 스치는 행운을 빌며
우리 아이의 아이들에게 전해줄 친구 "여우"를 기다립니다.

선택 장애

짜장면 먹을래? 짬뽕 먹을래?
자유의지를 흔드는 유혹은
언제나 정반대의 성향을 띤다.
짬짜면처럼
한 식탁에 된장찌개랑 김치찌개 모두 올릴 순 있지만,
어머니와 아내를 편 가를 순 없다.
엄마가 좋아? 아빠가 좋아?
직립보행의 인간에게 외다리로 가라 한다.
한쪽의 날개만으로 날 수 있는가.
누구든 더 빠르거나 더디면 넘어지는 2인3각,
서로를 받아들이고 살피며 가야 하는 길.
모든 역사는
전설을 실현함으로써 방향을 잡는 법,
하늘에서는 비익조, 땅에서는 연리지,
절대 버리지 않는 것이 철칙이다.
오늘, 여기, 우리.

스러지다

톡톡 튀던 그녀는
자부심 선명한 깃발,
하늘 높이 펄럭이는 젊음이었지.
작은 자극에도 자지러지는 나보다
멋지다고 시샘하던 전사의 내상이
그리 깊을 줄이야.
휘젓던 칼끝이 심장을 뚫어
죽음으로 가는 길을 열었다.
성벽이 무너진 폐허는 어둠의 땅
한순간 멈춰버린 꿈은 연기처럼 흩어져 가고,
칼잡이들은 배고픈 늑대처럼
새로운 표적을 찾아 매복 중이다.

순천만습지에서

태초에 바람이 있었다.
보이면서 보이지 않는 모습으로
부드럽거나 거친 숨결로 변덕이 죽 끓듯 하는 그는
우리 별의 연인이었다.
그곳에 가면 그때 그 바람의 자손들 번성하여
기세등등 바다에서 올라와
들녘으로 산정으로 내닫는다.
갯벌이었다가 염전이었다가
다시 돌아온 갯벌 바닥에,
몸을 비비는 짱뚱어, 망둥어, 칠게, 농게,
날아드는 두루미, 왜가리, 기러기,
갈대는 노래하고 춤추고
맑은 날 단골손님 기다리는 그곳에 가면,
칠면초 붉디붉게 물드는 그곳에 가면,
철 늦은 해당화 제멋에 흐드러지는 그곳에 가면,
파도소리 멀고 바람소리 무성한 가을이 있다.

나팔꽃 여인

하늘은 언제나
말수 적은 키다리 아저씨.
바람은 무슨 말이든 해보라며
애꿎은 나무를 붙잡고 흔들면,
나무는 그냥 쉬었다 가라 하고
먹구름 몰려와도 그냥 웃겠다고,
덩굴손 내밀어
줄 하나 보듬고 살다가,
그리우면 하늘색 꽃 피우고
아쉬우면 까만 씨앗 남기는
나팔꽃처럼 살겠다고.

항구의 밤을 듣는다

여수의 밤은
물빛에도 소금기 절인 비린내가
비늘처럼 반짝이지.
네 평짜리 선술집엔 외팔이 퇴역선원
김치전에 소주 두 병 섞은 노래가락 구성지고,
구릿빛 땀방울 꽃 피던 이마엔
파도소리에 깎인 소박한 꿈들이,
상처로 남아 울먹이다가
어두운 골목길로 비척대며 걸어갔다.

어둠 속에 앉아 있으면
잠든 어항의 숨소리가 들린다.
먼바다에서 그물 던지는 뱃사람들의 기합 소리,
갈매기 울음소리들이
해풍에 실려와 도시를 쓰다듬으면,
술집 작부도, 선구점 주인도,
닻을 만드는 작은 공장들도

만선의 꿈에 설레며,
뱃고동 소리로 코를 골며 돌아눕는다.

소망

우리 모두 칼 하나씩 숨기고 산다.
사람들끼리 부대낄 땐 거추장스러운데
불확실한 미래를 위하여 차마 버리지 못해,
은밀히 품고 모르는 체한다.
부끄러움이 짙어지면
가슴에 이는 시새움이 광기를 띄고
시퍼런 칼끝은 바깥을 향한다.
푸른 하늘 넓은 세상 모르는 양
오직 한 곳에서
칼바람 내며 다투는 군상들,
불사조처럼 살며
오색구름 위에 노닐고픈 욕망을 먹고
돼지처럼 살이 쪘기 때문이지.
먹어도먹어도 채울 수 없는 허기
이제 날개는 성장을 멈추었다.
빨간 립스틱 바르고 눈웃음치며
거리에 서성거리는 휘파람을 줍는다.

비를 먹고 큰다는 말을 믿니?
돈이야말로 최고가 되게 하지.
스치는 바람도 웃지만
남몰래 고개를 끄덕인다.
그래, 날마다 불치병으로 죽어가지만
네온사인 불빛에 흔들리는 눈동자엔,
차마 버리지 못한 칼 하나씩
우리 모두 숨기고 있다.

꽃소식

길 가다 만난 노오란
개나리꽃 재잘대는 소리
귀 기울여 들었지.
바람이 전하길 어제는
양지쪽 벚꽃 피우고 내일은
구봉산 진달래 피울 거라고,
놀다 가라 했더니
바쁘다며,
삼팔선 너머 북녘에도
사월이면,
꽃소식 몰아가야 한다고
웃으며 손 흔들며
내년 이맘때 또 만나자 했단다.

여름 이별가

여름내 지저귀던 소리 뚝 그쳐서
올려다보니 제비네 집 텅 비었다.
벌써 아침저녁으로
풀벌레 소리 찌르찌르 찌찌르,
소슬바람은 살랑살랑 솔솔.

시끌벅적대던 바다
홀로 턱 괴고 앉아 무슨 생각 하시나.
여름이 간 줄도 모르고
기다리다 기다리다
노을에 짖는다.

길

바람 불면 꽃비 내리고
햇살 받으면 꽃그늘 내리는데
그대 왜 울며 가는가.
열정이 사그라진 가슴속으로 들어가
재를 쓸어내던 날들
내 가난함은 세상에 꽃이 되지 못하니.
정녕 그 무엇이어도
길 위에서 만나자.
바람이 가는 곳
그 어딘들 꿈꾸지 않으리.
하염없는 그리움 걸러낼 무상한 세월은
흘러내리는 빗방울보다 투명한 것을.

어린이는 천진해야 하고,
청년은 뜨거워야 하고,
어른은 인생의 쓴맛도 즐기나니
눈비 맞아도, 비바람 몰아쳐도,

나는 나를 어깨동무하고
거친 바다로 보낸다.

나무에게

밤새 벚꽃 다 떨어지겠다.
저 비바람에 길바닥이 하얗게 깔리면
맘 아프게 너무나 짧은 세월이겠다.
나무야,
긴 겨울 가뭄
말없이 당하느라 설움이 깊었더냐.
꽃도 찬란하니 잎도 무장 짙푸르러 간다.
나도 설운 세월 잘 참았다만
총명도 건강도 흐려지고
네 꽃잎처럼 하얀 머리칼 우후죽순이다.
너만큼 푸른 내 새끼들
내 꽃과 잎이려니 하여도 세월은 심란스러워.
멋지게 살자던 다짐의 말
비바람에 떨어져
죽어서 남길 이름도 부끄러운 사람들이
세상의 절반인 것을.
아직도 해마다 봄이면

영혼의 겨드랑이에선 꽃눈 꿈틀거리고,
잃어버리지 않은 것들에 광택 내면서
낡았지만 지탱해 주는 육신 사랑하나니,
아침햇살처럼 이 어둠도 사랑하나니,
바람소리 잦아지면
빗소리 자장가 되어 잠들겠다.

엄마의 방

희미한 등불 아래 엄마는 바느질을 했다.
"낡았다고 쉽게 버리면 죄 되니라."
툭툭 끊어지는 실을 이으며
고단한 삶을 애써 기우던 그 옛날처럼,
병실 침상에서도
끊어진 기억의 실마리를 찾는다.
연탄불 갈아야 한다고 조바심치다가,
중년의 막내딸 시집가라고 타박하다가,
다시 황망히 눈 비비며
추억을 붙잡으려 안간힘 쓴다.

병실 창밖 부는 바람에
실 끊어진 꼬리연 하나,
미친 듯 춤추며 날아간다.
'엄마, 어느 날엔 당신의 일생도
저 연처럼 끊어져
돌아올 수 없는 곳으로 날아가겠군요.'

마지막 순간은 동구 밖에서 머뭇거리고,
어머닌 아직도 기억속으로 들어가
연탄불을 간다.
내 어린 날의 오두막은 온기 가득했는데,
다 타버린 연탄재처럼 푸석거리는 당신의 몸뚱이는
불안한 숨결로 버팀질을 하고,
흐릿한 등불 아래 엄마는
자식들의 헤진 옷을 꿰맨다.

나는 섬이다

전생엔 천상의 수문장이었다.
죄짓고 쫓겨온 유배지에서
녹색의 털 무성한 등짝만 내놓고,
해저에 사지 처박고 웅크린 짐승으로
억겁의 세월 파도와 함께였다.
햇살 아래 물결 일렁이면
등짝에 이파리들 반짝 살랑거리고,
파도가 흰 갈기 세워 후려칠 땐
온몸으로 울다가 밤을 새웠지.
언제부턴가 사람들은 다리 놓고 몰려들었지.
평생의 외로움 달래주는 성가신 무리
애증으로 뒤엉킨 우릴 닮아서,
온 섬을 샅샅이 훑고간 자리마다
상처를 핥으며 철썩이며 또 무얼 기다리는가.
쫓겨난 낙원보다
흔들리는 평생이 더욱 살가운 오늘
실체가 없는 그리움도 갯내음 비릿하다.

꽃길

봄비 머금어 무겁다고
툭툭 떨어져 펼쳐진 동백꽃의 길,
겨우내 어둠에 쫓긴 노을 모아서
지는 꽃도 저리 고와라.
한 세상 살겠다고
애면글면 세월엔 이끼 끼어도,
올려다보면 벚꽃 구름
무더기무더기 흘러가는 늦은 귀가길.
어둔 하늘을 날아오르는 흰 나비 떼.
목련꽃 마지막 춤사위에
젖어버린 마음
살며시 밟으며 가네.

산행

해 넘어가는데
여인 홀로 산에 들었다고,
풀잎들 수런거림에
목청 큰 꿩이 온 산에 소문내고
제풀에 놀라 달아나면,
개암나무 꼭대기에서 놀던 한 뼘 햇살도
저녁 어스름에 쫓긴다.
먼 하늘 끝 조각달 하나 별 하나
어두운 비탈마다
생강나무 노랗게 길 안내하는데,
산 아래 불빛의 반짝임 더욱 영롱해
그리움도 절로 핀다.
돌아오는 길 어둠 짙어도
마음은 점점 환하게 밝았다.

바람나다

달빛의 숨결 따라 출렁이며
밀물이었다가, 썰물이었다가,
눈썹달이 반달이 되고
차오른 달이 다시 이지러져도,
좋은 것은 이유가 없다.
밤마실 가는 여인의 뒷모습
달만큼 탐스런 엉덩이
두둥실 떠 간다.

뒤태

길을 걸으며
앞선 이의 뒷모습을 봅니다.
문득 돌아보면
내 뒤통수 보며 오던 누군가와
무심한 눈길 주고받습니다.
함께 가는 듯해도
갈림길에 들면 스치는 바람처럼
그냥 헤어져 갑니다.
어떤 사람은 그마저도
오백 번의 인연이라 하더이다.
"길 좀 물읍시다."
"저기요! 두고 가시는 것 같은데요."
"괜찮으세요?"
별것 아닌 대화가
고마운 웃음 되고 인사 되면,
다정한 마음 싹 트죠.
헤어질 땐 다시 한번 돌아봅니다.

| 제4부 |

봉하마을에서

봉화산 바위틈에 미륵불이 누웠습니다.
운주사의 와불인 듯 미처 일으키지 못한 꿈
부처가 자리를 털고 일어났다면,
그도 한세상 잘 살아 냈을까.
허망한 생각을 밀고 올라간 부엉이바위는
온통 울타리와 철조망으로 곤두서
곁을 주지 않습니다.
누군가 절망의 끝에서
그의 발자국을 쫓아갈까 염려함이지요.
정토원 뜨락에서 혹투성이로 백 년을 버틴 배롱나무나,
성상의 봉수대 돌무디기,
사자바위에 패인 구멍그릇에 고인 빗물까지,
무어라 말을 건네는 듯한데,
실어증 앓는 눈망울처럼 안타까울 뿐
발아래 드넓게 펼쳐진 마을 사이로,
화포천만 무심히 흘러갑니다.

꽃무릇

핏빛이다.
몸속 피돌기로
맥박으로 느끼는,

불꽃이다.
몸 밖에서 어둠과 추위를 막아 주며
날 것을 익히고 쇠를 녹이는,

여린 생명이 깃든 곳은
행복과 불행도 피고 지는 꽃이다.

공포의 색은 선동적이다.
붉은 깃발 아래 모이는 자
역사의 주인이라고,

그러나
가장 자유롭게 피는 꽃들의 열정을 보라.

어떤 이념도 아랑곳하지 않고
삶의 환희를 끌어 올리는 몸짓은 뜨겁다.

절정의 뜰 안에서
우린 다 함께 웃고 있었네.

할미꽃

떠나는 봄
마지막 인사가 따끈한 오후,
이름 없는 무덤가에
무성한 흰 머리 흩날린다.
한켠에선 갓 핀 꽃봉오리 하나
열정 가득한 웃음 핀다.

용돈 타령하다 울고 간 등굣길
일학년 교실까지 찾아온 할머니가 건네신,
십 원짜리 지폐 두어 장 꼬깃꼬깃
헝클어진 백발까지 부끄러워 얼굴 붉혔지.
그 이듬해 돌아가신 당신을 이제야 추억하지.
어린 내가 백발을 감추려 애쓰는 어른이 되었지.
이제는 시든 꽃을 외면할 수 없지.
꽃 떨어진 자리에서 열매를 기다리지만
시들어 가는 모든 삶이 한때는,
저리도 새빨간 꽃봉오리였음을
얼굴 붉히던 꼬마는 커서야 알게 되었지.

산에만 가면 늦는다

가도가도 제비꽃,
나도나도 양지꽃,
산괴불주머니, 족도리풀,
각시붓꽃들이 엎치락뒤치락
길을 막고 섰어요.
걸음걸음 엎어지다,
꽃 피고 새순 돋는 나무 타고 놀다가,
마침내 어스름에 쫓겨 허둥지둥
둥지 찾아 든 새처럼 퍼덕거려요.

산성을 표절하다

마른 풀들만 한들거리는
고락산 성벽에 걸터앉아서,
성돌보다 가벼워 꿈틀대는 마음을 축성한다.
바윗돌은
세파에 무감한 본능으로 천 년을 가는데,
시든 생명은
여리고 옹골찬 씨앗을 날리고,
겨울바람에 웃는다.
엉덩이가 시릴 때까지 기다려
고집 한 줄 얻어,
원래 내 것인 양 시치미 떼며
산길을 내려온다.

고무신

산동네 흙길에서 놀던
단발머리 가시내.
코고무신은 들어가고
운동화는 아직 귀할 때,
실내화 닮은 흰 고무신에는
하얀 나비 한 마리 앉았다.
머슴애들보다 설친 것도 아닌데
나비 날아가 버리면,
할배 신만 같아,
밑창 빵꾸 나라고
냉바닥에 마구 문질러도 ,
팔만 아팠지.
이듬해
초등학교 입학식 날에야
새 운동화 얻어 신었다.

기억의 끝에서

저 새
나는 쯔비쯔비 운다 하고,
너는 비쯔비쯔 노래한다 했다.
산길에서
꽃눈과 잎눈을 살피고,
나비가 쉴 때를 기다려 사진을 찍고,
산정에서
먼 수평선과 하늘빛 바람에게
아는 체를 할 때 우린 함께였다.
너를 모를 땐
홀로 가는 길에도 즐거움이 피었는데,
서로 멀어진 후
봄꽃에도 쓸쓸함이 아른거린다.
그저 쯔비쯔비쯔 노래하는
저 새는 좋겠다.

길 위에서

본다는 것을 포기했을 때
보이는 어둠,
더 잘 보려고 불을 켜면
바퀴벌레처럼 재빨리
장롱 밑으로 기어가 숨어버린다.
무지개 너머 무엇이 있는지
왜 그리 알고 싶을까.
잡을 수 없는 것은 한 발 뒤로 물러나
고요한 풍경화로 느끼면 될 일이다.
흘러가는 모든 것
추억이라도 잡으려 안간힘 쓰지만,
저물면 밝아오고
밝아오면 다시 저무는 날들.
우린 다만 싫증 내지 않고
설레는 법을 익히느라
평생을 간다.

겨울

하룻밤에 한 번씩
부침개 뒤집듯 노릇노릇 붉어지더니,
다람쥐 밤 까먹듯
후두둑 떨어져 텅 빈 산.

속속들이 발라먹은 전어가시 닮은
가지를 치켜든 나무들,
능선에 나란히나란히
얼음 서걱이는 동치미 바람을 쐰다.
시원하다.

눈이 내리네

윗동네 친구는
한 달 내내 눈이 내려 지겹다는데
일 년에 두어 번 내리는 함박눈은 기쁨입니다.
나풀거리며 떨어지는 눈송이를
넋 놓고 보는
아직 내게 있는 설렘은 축복입니다.
세상을 순백의 이불로 덮고
눈부시게 반짝이는 흰 옷자락 펄럭이며
순간이 영원인 춤을 추고 싶습니다.
산다는 것은 흔적 없이 사라지는 눈과 같아서
만년설처럼 가늠할 수 없는 세월이
버거운 꿈의 연속일지라도
눈 내리는 거리에 선 오늘
새록한 순백의 미소 짓습니다.

그해 겨울

우린 서로 낯빛을 살피고 눈빛을 읽었지.
웃거나 성내거나 슬픔을 어루만지던 따순 손길
밥이나 한번 먹자던 그 말,
햇살처럼 부서지던 웃음소리,
각인된 추억들이 옷 벗은 나무의 수피로 떨고 있다.
지난 계절 개구리 시끄럽게 울고
개똥벌레도 어둠 속에서 깜빡이며,
꼭 한번 만나자 아우성이더니
어느새 모두 동면에 들었다.
날개를 빼앗긴 공작새처럼 풀 죽은 사람들이
투명한 창살을 흘깃거리며
불면의 경계를 서성이는 비대면,
그리움은 철없이 무성한데 TV는 온종일 떠들고
무선통신은 24시 편의점이다.

상봉

작년에도 올해도 얼음새꽃,
금오산에도 봉황산에도 변산바람꽃,
네가 보아도 내가 보아도 노루귀,

해 바뀌고
어디서 누굴 만나도,
맑고 고운 얼굴에 번지는 웃음꽃.
노랗게, 하얗게,
보송보송하게

맨날 똑같은 걸
뭘 그리 죽기살기로 쫓아 다니냐고,
속 모르는 소리 마라고
첫눈에 반하니 그립고 그리워,
봄바람 따라가서
기어이 만났다고.

순천만의 홍학에게

국화 꽃망울 터질 때
이국의 땅을 서성이는 눈망울에 낙엽이 진다.
지금은 남쪽 나라로 떠나야 할 시간
비상의 본능은 잘려버린 날갯죽지처럼 아스라하다.
사막의 숨소리를 가늠하던 여우도
행락객들의 소란에 귀를 덮고 억지잠 잔다.
사람들은 원시의 야성을 시샘해 너희를 가두었나.
하늘엔 희멀건 낮달이
제힘으로 버거워 태양빛에 기대어 살며,
수천만 년 모두의 연인이었다.
이제 너희도 닭처럼 푸드덕거리며
사료를 먹고 알도 낳겠지.
한 세상 애증 안고 밤이면
달 보며 날아오를까.

불청객

강도보다 무서운 전쟁도
뼛속까지 삭이는 세월도 만만찮지만,
당장 들이치는 건 태풍이제.
폭우와 바람을 거느리며
성난 멧돼지처럼 내달리니,
문단속하고 집안에 숨는 게 상책이제.
동구 밖에서도 멀찍이 지나가는데
문 앞에서 으르렁거리는 듯 시끄럽다잉.
쓰잘데기 없이 오지랖 넓은 놈
여직 못 딴 사과, 배 다 떨어지겄다.
일렁이던 황금물결 물에 잠겨 어쩐다냐.
시방 둘레길에 방싯거릴 투구꽃, 용담꽃, 들국화들,
꽃대 다 꺾어불겄네.
오~ 메~ 어쩌까이!

상처

꼬맹이가
노상 엎어지고 미끄러지며 다쳐도
무사히 자라 어른이 되었습니다.
예나 지금이나 덜렁대느라
정강이며 무릎, 손발까지 말끔할 날 없는데,
아마도 틈만 나면 산길을 헤매는 까닭이겠죠.
소소한 생채기는 어제처럼 사라지고
희미한 몇몇 흔적은
제법 아프게 피 흘린 몸의 기록입니다.
가만히 되새기면
철부지 실수는 빙그레 웃게 하고,
엄마의 걱정스런 목소리
꿈인 듯 아스라이 생각납니다.

꼬맹이가
노상 쥐어박히며 지청구도 헤아릴 수 없지만,
무사히 자라 어른이 되었습니다.

예나 지금이나 소심한 내숭쟁이
속상해도 말 못해 뾰로통하다가
제풀에 웃고 말지만,
가끔은 정말 울거나 화를 내고 돌아선 마음은
쓰린 상처만 들여다보네요.
언제나 그렇듯 시간이 흐르면 아물겠지만
흉터는 슬픔이어요.
슬며시 고개를 쳐드는 원망은 부끄럼으로 덮어 버리고,
추억에서 뽑은 한 가닥 실로 내일의 하늘에 수를 놓아요.
바위산의 굽은 소나무처럼
아픔보다는 푸르름으로 바람을 부르면,
꿈은 저 넓은 창공을 날아갑니다.

설레다

그대가 꽃을 보러 가거나,
누굴 기다리거나,
손가락 꼽아 날짜를 세는 것은,
무언가 바라는 맘이
나뭇잎 흔드는 바람만큼 살랑대기 때문이죠.
바람이 없다면 설레지 않고
기다림 없다면 애쓰지 않겠지만,
언제나 상상이 먼저입니다.
피어나는 꽃봉오리
그리운 얼굴 그날의 약속
마음으로 그린 그림 살아서 일렁이며,
돌아앉은 그대에게
눈 반짝이며 은밀히 미소 지을 때,
두려움보다 어여쁜 희망이 기웃거리며 손짓할 때,
버티지 않는 꽃씨처럼
바람 타고 두둥실 날아갑니다.

4월의 꽃

꿈에 부풀어 내디딘 첫걸음
가슴 뛰는 소리가 봄인 줄
진달래 꽃망울들은 진작 알았다.
간절한 기도로 지샌 겨울 가고
삼월 한 달 기다림으로 영글고,
기쁨에 넘쳐 터트린 고운 웃음은
엄마 닮아 연분홍빛 눈물 맺힌다.
치마폭마다 연분홍 얼룩이 지건만,
꽃은 못내 수줍어 새파란 잎새 틔운다.

짝사랑

소박맞은 새댁처럼
골목길 배회하며 기웃거렸죠.
저만치서 울먹이는 겁쟁이
네 이름은 사랑.
허기진 열정은
죽기가 무서워 아우성치며 매달리는데,
겨울 뿐, 봄을 잊은 거인의 정원처럼
내 영혼의 산길
호젓한 곳에 솟던 샘물 말라 버리고,
물 마시러 다니던 노루 사슴 산새 떠나버리고,
황무지 같은 가슴엔 철문 빗장 질렀는데
먼 별빛 흐느낌 소리에 철거덕거리면,
머루 다래넝쿨 우거지던 대지에
다시 오고픈 꿈이,
오늘도 남몰래 찾아와 엿보고 가네.

몽돌해변에서

우리는 서로 닮아서 친구가 되었지만
안으로 나만의 것 있어 아껴 기르네.
서로가 끌릴 땐
내게 없는 것이 신기하고 좋았는데,
살다 보면 왜 그리 걸리적거릴까.
몽돌들이 파도에 깎이고 깎여 동글비슷해도
잘 들여다 보면 저마다의 색과 모양을 지녔으니,
세월 가면
우리의 부딪치고 다친 흉터도 아름다운 무늬가 될까.
서로 닮기만 해도 밑천 삼아 정이 들어
찌그락찌그락,
파도소리 추임새 넣으며 놀다가
어느 날엔가
생사와 인연의 갈림길에 들 수 있을까.

흰눈썹황금새

우포늪 뚝방길에 바람이 불면
미루나무 우듬지에서 나뭇잎 살랑대는 소리,
조용히 일렁이는 물가에
물억새 이파리 스치는 소리
그 사이 파고드는 새 소리 청량합니다.

로렐라이 언덕의 인어아가씨,
황금빛 머리칼 빗으며 부르는 노랫가락에
뱃사람들 홀려 강물에 빠져 죽었답니다.

늪 근처 사는 흰눈썹황금새 숲속에 숨어
맑고 고운 노래로 사람들 홀렸지만,
끝내 모습 보이지 않았습니다.
산신령님처럼 희다는 눈썹과
황금빛 가슴만 전설처럼 아련해,
돌아오는 길 그리움은
이팝나무 꽃잎만 하얗게 흔들었습니다.

|해설|

나무와 풀과 바람과 꽃들 속에서 제 안부를 묻는 행복한 일탈
―신은하의 시세계

신병은 | 시인

 나 오늘은 어디만큼 왔을까? 날마다 제 안부를 묻는 시인의 처음과 끝의 화법이다. 그에게 오늘은 어제와 내일이란 하나의 자리로 귀결한다. 오늘이라는 시점은 과거이면서 미래를 내포하고 있으며 시간은 단절된 독립된 것이 아니기에 연속적이며 상호 영향력을 갖는다. 그래서 역사는 그냥 지나간 시간의 의미라기보다는 다가올 내일을 예비하는 소중한 에네르기로 자리하고 있다. 신은하 시인에게 시간은 오늘이면서 어제이고 내일이 되는 관계의 미학적 구조를 형상하게 된다.

어떤 삶의 역사든 모든 게 나의 소중한 역사로 자리하고 심지어는 어머니의 삶도 소중한 시인의 삶의 한 부분으로 자리하게 된다. 신은하 시인의 시적 대상인 삶의 이력은 그저 지나간 시간이 아니라, 현재 삶의 밑자리를 맴도는 진행형의 역사일 수밖에 없다. 시인에게 시 창작은 번잡한 삶의 위안과 일탈을 위한 통과의례이면서 스스로 억압된 마음의 문을 열어가는 길이 되고 삶을 의미화하는 성찰이 된다.

그가 택한 방법은 아픈 삶의 편린을 재편집하거나 훼손되지 않은 원형의 착한 안부를 묻거나 나무와 풀과 바람과 꽃들 속에서 위안과 행복을 찾거나 하는 세 개의 관점으로 드러난다. 재편집과 안부를 묻거나 꽃탐사를 위한 산행은 알고 보면 스스로 제 삶을 다독이는 행복한 일탈이 된다. 그래서 그의 시는 어떤 삶의 철학적 깨달음보다 더 개연성을 갖고 있으며 그가 자연의 한 부분으로 돌아가는 폭넓은 미학적 구조를 견지하게 된다.

   단발머리 어린 소녀는 엄마가 들려주는 옛이야기를 즐겼습니다. 엄마는 사람들의 특징을 살려 흉내도 잘 내고, 당신 스스로 울고 웃으며 이야기 속의 주인공으로 딸의 추억 속에 각인되었습니다. 엄마는 가시고 소녀는 초로의 여인이 되어 그 옛날의 아련한 음성을 떠올립니다. 도란거리던 말소리, 웃음소리, 울컥하며 눈물짓던 모습……. 숱한 사연과 에피소드들이 엄마의 흔적이 사라지듯 사라져가는 것이 아쉬워 더듬더듬 써본 글들이 시집이 되었습니다. 세월의 강물에 떠내려가는 많은 이야기들 중 겨우 몇 개만 건져 올렸다는 생각에, 새삼 그리움의 차올라 마음을 적십니다. 엄마가 이 책을 읽으며 기뻐하셨으면 좋겠습니다.
ㅡ시인의 말

그녀에게 엄마는 소중한 역사다. 어디서 잘못 편집되었는지를 되물을 때마다 소환되는 기억 속에 각인된 어휘다. 엄마의 삶에 기댄 내 삶의 표징들을 그리움으로 담보해내면서 얼마나 많은 그리움을 한사코 외면하고 살아야 했는지, 그 본능을 거스른 기억이 발바닥의 티눈처럼 못이 박혀있다(「바람과 나」). 제 홀로 휘몰아치다 제풀에 잦아들기도 하면서 홀로 깨우침을 헤아린다. 새 옷을 태우고 신호등 불빛처럼 오는 짧은 깨달음으로 거룩한 이름을 꿈꾸지 않고 산새처럼 지저귀며 놀다 가겠다고 다짐하며 까짓거 옷쯤이야 괜찮다고 능청을 부리는(「위로」) 여유도 스스로 깨우친 위로의 방법이다.

힘들 때면 툭툭 끊어지는 실을 이으며 고단한 삶을 애써 기우던 어머니에 대한 기억만으로 위안이 되고, 가슴에 남아 있는 어머니의 한마디가 현재를 견디게 하는 힘이 된다. '낡았다고 쉽게 버리면 죄 되니라'. 아직도 어머니는 따뜻한 목소리를 앞세워 시인의 기억 속으로 들어와 연탄불을 갈며(「엄마의 방」) 다독여준다.

 노자는 어머니란 본성적으로 자아 초월적 무아봉공無我奉公의 기질이 있다고 한다. 자식 앞에 어머니는 무궁무진한 희생과 사랑과 책임이 부여되는 대아大我의 모성애가 있다. 모성애는 여성에게만 있는 기질이 아니라 남성에게도 똑같이 있다. 그러므로 노자의 페미니즘은 성숙한 인간의 본성복귀를 말한다. 남성이든 여성이든 성숙의 시기가 되면 모두가 '만물의 어머니'와 같은 역할이 부여된다. '우리는 만물의 어머니다. 우리는 자연이다.'라면 시인의 자연, 어머니의 회상은 자연에 귀결되고 그가 나무와 풀과 꽃을 찾는 이유가 분명해진다.

  우리 생의 증표는
  밤하늘 빛나는 별로 걸어두었다.
  걱정거리는 그믐달처럼 깎아내고
  희망은 초승달처럼 자라나고,
  어둔 산그림자 위로 두둥실 떠오르는
  어머니 보름달이,

열망으로 깜빡이는 지상의 별들을
가만가만 달래어 잠재우신다.

　　　　　　　　　　　　　　－「두 개의 별」

 별이다. 시인은 생의 증표를 밤하늘의 별로 걸었다. 나의 별, 너의 별, 어머니는 보름달로 걸려 걱정거리는 그믐달로 깎아내고 희망은 초승달처럼 자라게 하고, 깜박이는 시인의 별을 가만가만 달래어 잠재우신다.
 아름다움은 아득히 먼 곳에서 빛나는 별빛 같은 것 가까이 다가가면 신기루처럼 사라지는 것들처럼 아름다움이나 행복이나 손에 잡히지 않을 때에는 찬란하게 빛나고 간절히 원하게 되는데 막상 손에 들어오면 그 찬란한 빛은 온데간데없어진다. 별은 즉자적 존재물의 상관물로 서로가 서로의 별이 될 때 자연적이면서 원형적인 삶을 견지하게 된다.
 「별, 그대」의 대사 중에 이런 대사가 있다. '난 그게 훨씬, 100배 1000배 중요해. 난 니가 어느 별에서 날라 온 에일리언이든 뱀파이어든 괴물이든 과거가 어떻든 그런 것보다 내가 좋아하는 아니 내가 좋아했던 남자가 날 어떻게 생각했는지가 가장 중요해. 날 단 한 순간이라도 진짜로 좋아했던 건지.' 사랑의 진정한 의미를 다시 한번 되새기게 하는 말이다.

고미숙 또한 「호모에로스」를 통해 인간은 에로스적 충동으로 태어나고, 에로스를 삶의 근원적 힘으로 사용한다. 즉 사랑을 통해서 존재의 자유와 행복을 추구해 간다는 뜻이다. 진정한 사랑은 삶이 통째로 소통되고 서로 교감하는 것, 무엇을 사유하고 꿈꾸고 무엇 때문에 고통받고, 무엇에 분노하는지를 통째로 주고받는 것이다. 그래서 어떤 경우에도 '사랑도 할 줄 모르는 사람'이란 말을 들어서는 안 되겠기에 시인은 늘 주변을 기웃대며 사랑할 대상을 찾는지도 모른다. 꽃이든 풀이든 나무든 나비든 그게 사람이든 말이다. '매사 조심하고 쉬엄쉬엄 쉬어가며 해라.' 시인에게 이 어머니의 말이 가장 아름다운 가르침이 되고, 세상 가장 따뜻한 사랑으로 남아 있다.

아픈 삶의 편린을 재편집하다.

 시인은 자연과 더불어 배우고 깨우치다 보면 아무리 힘들어도 괜찮지 않아도 괜찮아질 거라고 아무리 그래도 봄은 온다고, 그래서 우리는 언제나 오늘에 산다고 스스로를 다독이는가(「그래도 봄은 온다」) 하면, 햇살 아래 물결 일렁이면 등짝에 이파리들 반짝 살랑거리고, 파도가 흰 갈기 세워 후

려칠 땐 온몸으로 울다가 밤을 새우는 섬(「나는 섬이다」)이 된다. 시인도 엎어지고 미끄러지던 꼬맹이었던 때가 있었지만 지금은 무사히 자라 어른이 되었다. 시간이 흐르면 아물겠지만 그에게 흉터는 언제나 슬픔으로 남아있다.

    펑펑 우는 이에게
    왜 우느냐고 물어도 대답할 수 없어요.
    배를 잡고 깔깔 웃는 이에게
    왜 웃느냐고 물어도 역시 그렇죠
    그냥 보아도
    눈물이나 웃음 방울이 튀어와 번집니다.
    불타는 노을에게도
    왜 그러느냐고 묻지 마세요.
    열정을 다 쏟았던 사랑의 끝은
    미련 없이 추억만 아름다운데,
    주지 못한 마음
    받지 못한 마음 쌓이고 쌓여 뭉쳐진,
    불씨만 있으면 활활 타오르는 그리움 한 무더기.
    날 저물 때마다
    붉디붉게 태워도 재가 되지 못하고
    죽어도 버릴 수 없어 살아 핏빛 설움
    온 천지 물들었습니다

                      -「어림잡아 헤아리기」

그가 만난 풍경은 그녀의 눈에 비친 삶의 편린들이다. 다 그렇듯이 삶은 웃음이고 기쁨이고 슬픔이고 아픔이고 눈물의 또 다른 이름이다. 그렇다고 모든 게 확연하게 다가오는 풍경도 아닌, '어림잡아 헤아리기'일 뿐이다. 시인의 어림잡아 헤아리기는 '펑펑 우는 이에게 왜 우느냐고 물어도 대답할 수 없고 배를 잡고 깔깔 웃는 이에게 왜 웃느냐고 물어도 역시 그렇다'고 말하는 화법이다. 그냥 보아도 눈물이나 웃음 방울이 튀어와 번지고 주지 못한 마음과 받지 못한 마음 쌓이고 쌓여 뭉쳐진 아픔일 뿐이라는 시적 화자는 결국 시인의 자화상이다.

적어도 그의 삶이 그랬다는 것이다. 그녀만의 일기 속에 살아오며 들리지도 보이지도 않은 내 안에 살아오며, 동반자가 있고 도반도 있지만, 걸핏하면 외롭고 심심하고 그리운 마음에 묵정밭을 헤맸다. 그러면서 힘들 때면 하늘을 올려다보며 '오늘 밤도 별이 뜬다'는 그만의 위안을 삼았다.

젊은 날 사고로 한쪽 눈을 잃고 의안으로 살아오다 공단 하청회사를 다니다 왼쪽 검지 반마디가 날아갔지만, 산재처리도 안 되고 엎친 데 덮친 격으로 초산에 손가락 살들이 홀라당 사라져, '하얀면장갑'을 끼고 사는 이웃의 이야기며, 펜데믹의 상황에 기댄 겨울잠 속에서도 다람쥐처럼 심박수를 줄여 아름다운 꿈을 꾸겠다는 그림을 그리는가 하며, 흑백톤의 어린 시절의 회상이며, 어머니의 옛날이야기를 통해 여순사건의 아픈 안부를 되짚기도 한다. 시인에게 여순사건은 어머니의 이야기를 통해 현장감 있게 전달될 뿐만 아니라, 어머니와 독자 사이의 매개자로 자리한다. 아직도 진행형의 아픈 역사인 여순사건은 여순항쟁이라 명명되며 75년이 지난 이제 와서 논의되고 있지만 아직도 미완의 역사로 자리하고 있다. 시인에게 엄마의 옛날이야기는 여순사건의 현장을 있는 그대로 들려주지만, 시를 읽다 보면 원형의 역사현장이 담담하게 비극성이 서정서사로 그려진다.

헛간에 숨었다가 잡힌 젊은이를 즉결처형 한다고 했단다. 운동장 한쪽에 세워두고 총을 겨누자, 울며 매달리던 어머니가 두 손을 겹쳐 총구를 막고 가슴으로 버텼다는데, 아버지까지 엉겨서 반란군과 실랑이하는 꼴에, 창백한 낯빛의 아들이 힘없이 피식 웃고 말았단다.

그 뒤로 어찌 되었는지 몰라. 할머니도 기다리던 차례가 되어 불려들어갔거든.

"살았을까요?"

"어디 다른 데 끌고 가서라도 죽였겠지. 노인네들이 사생결단하고 막는다고 봐주던 시절도 아니었은께. 어쩌면 같이 죽었을지도 모르제."

부모의 자랑이었을 경찰관이라는 이름이 죽음으로 이끄는
액운이 되는, 역사의 격랑 속이었습니다
─「엄마의 옛날이야기─여순사건·1」

　그가 접한 삶에 대한 단상들은 야생의 생명을 통해 암유한
다. 삶과 죽음의 틈새에서 서성이는 존재들의 비극이 객관적
시선으로 들여다봄으로써 극대화되어 다가온다. '즉결처형,
두 손을 겹쳐 총구를 막던 어머니, 힘없이 피식 웃는 아들'
등의 몇 개의 표징으로도 당시의 숨 막히던 순간을 체험하게
된다. 여순사건이 지나간 과거의 역사가 아니라 아직도 기억
속에 선명한 미완의 진행형 역사임을 되새기게 된다.

밟히는 일이 다반사라고 아프지 않을까
쳇바퀴 도는 다람쥐 업보일까,
갚아야 할 산더미 빚 날마다 탕감하듯
수십 번 죽었다 살아나 고집스럽게 숨 쉰다
꽃은 볼품없으나 햇빛 지향이다
유일한 무기는 유연성이다
밟히면 눕고 풀리면 일어난다
바람의 방향을 가리키지만 나는 버틴다
슬픈 눈물 한 방울도 뿌리에서 마셔 버리자
아픔 한 오라기
기억으로 붙들지 말고 사랑으로 엮을 것,

오늘도 나는
누렇게 시든 이파리 속에서
불사조처럼 기지개 켜는 중이다.
　　　　　　　　　　　　　－「나는 잡초다」

 그가 산을 찾고 꽃을 찾는 이유가 분명해진다. 그가 바로 시든 이파리 속에서도 불사조처럼 기지개를 켜는 잡초고, 그래서 밟히는 일이 다반사라고 아프지 않을까. 밟히면 눕고 풀리면 일어나는 유연성이 그를 견딜 수 있고 기댈 수 있는 언덕이다. 그에게 시는 나는 누구이며 어떻게 살아야 하는가에 대한 자기질문으로 자리하며 자신의 아포리아를 극복하는 사색과 성찰로 자리한다. 그렇지만 시인의 아픈 사색과 성찰은 '기억으로 붙들지 않고 사랑으로 엮을 것'으로 승화하고 그래서 불사조처럼 기지개를 켜는 중이다.

 '잡초'에 대한 사색은 끊임없이 실재하는 언어에 대해 늘 새로운 변용과 함께 진화하고 싶은 욕망이 내재 되어 있는 객관적 상관물이다. 시 전편을 통해 흐르는 호흡력을 봐도 그의 존재에 대한 사유는 언어의 온도에 의해 잘 전달되고 있다. 그래서 그의 사유는 다의적이며 추상적인 언어의 힘에 기대어 오히려 힘을 갖는다.

왜 쳐다볼까.
느낌 있지만 혼자만의 상상이다.
물어볼 수 없고 말해줄 수 없어
살펴보다 들키면
스치는 시선인 듯 모른 체하거나,
그대도 나를 보고 나도 그대를 보니
피장파장이겠지 새침을 뗀다.
밤하늘의 별과 달
들판의 꽃과 나무는
보고 또 봐도 질리지도 않고
민망할 일도 없지만,
나도 모르게
자꾸만 누군가를 훔쳐보는 까닭은
그 사람의 어디쯤
숨겨둔 꽃이 피고, 별이 빛나는지
궁금하기 때문이다.

-「힐끔거리다」

 '힐끔거리다'는 '곁눈질하여 자꾸 슬쩍 쳐다보다'라는 뜻이다. 그럼에도 이 어휘가 갖고 있는 뉘앙스는 먹잇감을 눈앞에 둔 이리의 눈처럼 자못 부정적 시선을 뜻하기도 한다. 시인의 힐끔거림은 꽃과 나무를 지나치지 못하는 습관에서 비롯되어 시인이 자신도 모르게 누군가를 자꾸만 훔쳐보는 까닭은 그 사람의 어디쯤 숨겨둔 꽃이 피고 별이 빛나는지 궁금하기 때문이다. 긍정의 뭔가를 기대하고 새로운 세계를 탐색하는 착한 힐끔거림이다. 힐끔거리며 기억을 소환하는 건 아무도 모르는 기밀이라서 잊고 싶지 않고 잊혀지기 싫어서 시를 쓴다(「오늘을 기록하다」)고 고백한다. 어휘의 새로운 의미를 부여한 재발견이다.

> 자질구레한 걱정 다 잊고 한 달쯤
> 아니 일주일도 많아
> 1박 2일만 유람하면 좋겠지만
> 나 없는 자리 삐걱거릴까 봐 안 되겠다
> 꿈과 이상도 살아남아야 싹 트는 법인데
> 어쩌려고 뺄 생각이냐고
> 색종이꽃 만들 듯 가위로 오려낸 동그라미
> 굴렁쇠처럼 굴리며 간다
> 비틀거릴 때마다
> 좁은 모퉁이마다 걸리는 모서리 깎고 깎았더니
> 작아진다
> 작아진다
> 한없이 작아진다
>
> ―「나를 편집하다」

그는 늘 스스로에게 원형의 착한 안부를 묻는다. 이만하면 돼, 이렇게만 살아도 잘 사는 거야. 나를 편집한다는 시제가 사뭇 낯설게 다가오지만 어차피 삶은 편집이다. 나를 편집한다는 의미는 내 삶의 관점을 바꾼다는 뜻이리라. 어떤 상황도 보는 위치와 보는 방법이 바뀌면 세상이 달리 보이게 마련이다. 관점을 바꾸는 것은 세상을 구성하는 방식을 바꾼다는 의미이고, 세상을 새롭게 만날 수 있는 길이 된다.

새로운 것은 없다. 다만 새로운 관점이 있을 뿐. 의미는 스스로 만들어 낼 때 의미가 있다. 시인이 자기 스스로의 관점을 갖기 위해서 일상을 담담하게 만나고, 정직하고 솔직한 순리를 깨닫기 위해 산을 찾고 꽃을 찾는다. 어떻게 하면 명철한 주관을 갖게 되며 어떻게 하면 내 생각으로 살 수 있을까를 고민하면서 삶의 선순환을 성찰한다.

비틀거릴 때마다 모서리를 깎고 깎았더니 작아지고 작아지는 그는 스스로에게 원형의 착한 안부를 묻는 현명한 법을 터득한다. 이만하면 된다고 이렇게 살아도 잘 사는 거라고 스스로를 날마다 편집한다.

선생님, 여문공원 오른쪽 사잇길로 올라가 보셨나요?
여윈 나무들과 키 작은 풀꽃들 사이사이에 은난초가 피었습니다.

꽃도 황사도 해마다 오지만 표정은 제각각인데,
 엄마의 부재보다 떠나신 지 이태만에 무더덤해진 마음이 더 쓸쓸합니다.

 치렁치렁 레이스 달고 금박 입힌 겉치레를
 묵묵히 걷어내 주시는 님의 손길에서,
 천수답을 옥토로 바꾸려는 농부의 발자국 소리를 듣습니다.

어미의 자리에서
아이들에게 마땅히 주어야 할 것을 다시 배우는 오월,
닦아도 닦아도 쌓이던 먼지가 하룻밤 빗물에 말끔해졌어요.

비를 맞으며 은난초가 웃고 있네요.
제 딴엔 비밀스럽다는 것이
꼿꼿이 서서 하얗게 빛나며
숲에서 놀다 길까지 뛰어들었습니다.
얼굴 붉힐 줄도 모르면서
고개 숙인 채 입 가리고 웃는 것이,
볼수록 내숭스럽습니다.

선생님,
이 아이 편에 안부를 전합니다.

─「카네이션 편지」

아이 편에 선생님의 안부를 묻는 편지다. 가만히 음미하면 선생님의 안부를 묻는 것이 아니라 내 안에 살고 있는 아이를 통해 내 안부를 묻는다. 시인의 시는 결국 시인이 묻는 세상의 안부이며 스스로의 대한 안부인 셈이다. 안부와 함께 꽃게와 말미잘과 물풀과 고래와 물범이랑 거북이를 키우는 바다의 들숨과 날숨을 우주의 비밀로 유추해 생명의 원형을 짚어내는가 하면,(「너는 누구인가」) 추억이 되거나 잊혀질 눈물일지라도 오늘만큼은 그에게 늘 선물일 수밖에 없고 삶과 죽음은 아름답고도 쓸쓸한 것이지만 돌고 도는 세상이라고 맑게 웃는다.(「오늘을 기록하다」)

카네이션 편지는 하루를 무심하게 맹목적으로 살던 그가 스스로에게 묻는 착한 안부다. 법정 스님은 꽃이 아름다운 이유는 내 안에 이미 꽃이 있기 때문이라 했다. 봄, 여름, 가을, 겨울의 냄새를 맡지 못하는 사람은 제 안부를 알지 못하는 사람이다. 외롭고 힘들 때 내 마음이 듣고 싶어 하는 말로 안부를 물으라고 한다. 나무의 마음을 읽고 꽃의 마음을 읽고 말을 걸 수 있어야 한다고 그러면 제 스스로 안부도 묻고 삶에 대한 자기 주관도 갖게 된다. 한때는 본다는 것을 포기 했을 때 흘러가는 추억이라도 잡으려 안간힘을 쓰지만, 저물면 밝아오고 밝아오면 다시 저무는 날들을 싫증 내지 않고 설레는 법을 익히느라 평생을 간다(「길 위에서」)고 했다.
 시인의 안부 속에는 시인 스스로가 여읜 나무와 키 작은 풀꽃 사이에서 환하게 웃는 은난초가 되어, 엄마의 부재보다 떠나신 지 이태만에 무더덤해진 마음이 더 쓸쓸한 시인이다. 안부를 통해 시인은 어미의 자리에서 아이들에게 마땅히 주어야 할 것을 다시 배우고, 그래서 닦아도 닦아도 쌓이던 먼지가 하룻밤 빗물에 말끔해지는 것이다.

나무와 풀과 바람과 꽃들 속에서 찾은 위안과 행복

 시인의 시 속에는 숲속 이야기가 진솔하게 담겨있다. 숲의 변화와 그 안에서 벌어지는 생명의 탄생과 소멸, 부활의 과정을 역동적이며 감동적으로 보여주는가 하면 숲속에 사는 야생화의 작은 움직임까지 놓치지 않는 시선은 숲의 사계절을 따라가며 그들의 생활사를 생생하게 보여준다.
 숲은 인위적이거나 허구가 아닌 있는 그대로의 모습이기 때문에 생생하게 다가온다. 시인의 시를 따라가다 보면 여수 인근의 꽃 탐사지를 두루두루 돌아보게 된다. 현장에서 스케치한 생태 이미지는 오래전부터 우리 곁에 존재해온 위대한 생명의 공동체인 숲의 생활과 그리고 공존을 자연 다큐멘터

리처럼 생생하게 전해준다.

>계곡마다 개구리 도롱뇽 배암이 꿈틀꿈틀.
>바람꽃 별꽃 앵초 한들한들
>산벚나무 생강나무 멀구슬나무 만세 부르면,
>벌나비랑 산새들 날아드는 풍경 뒤
>오솔길도 없는 곳에 숨겨둔 산의 비밀은 헤아릴 수 없어요.
>사계절 우뚝 버티고 선 초록의 빙산입니다.
>―「산을 아십니까」

한때 화두가 된 어법을 유추하여 시인은 '산을 아십니까?' 하고 묻는다. 그 화법 속에는 산에 대한 친근감과 당당함이 안겨있다. 그만큼 산꽃 탐색을 많이 다녀 여수, 광양, 순천의 인근 탐사지는 훤하게 꿰뚫고 있다. 백야도에만 있다던 깽깽이풀이 만성리 마래산에도 살고, 중부지방에만 핀다는 중의무릇이 다리 건너 금오산에서도 만날 수 있고, 제주도에 무성하다는 멸종위기종 으름난초가 순천 조계산 자락에서 발견된다. 산을 안다는 것은 둘레길을 걷는 일이 아니고 정상에 오르는 일이 아니라, 제 몸 안에 품고 있는 생명들을 아는 일이라 말한다.

그래서 그런지 남편이 문주란 잎을 싹뚝 잘라버린 것에

대해 목청을 돋워 고함을 치는가 하면, '빗속을 둘이서' 봄꽃 탐사를 나선 산행길에서 돌아가자는 남편과 좀 더 꽃을 보고 가자는 꽃쟁이각시는 옥신각신하면서도 각시붓꽃, 옥녀꽃대, 윤판나물을 만나고 할미꽃, 산작약, 노랑무늬붓꽃을 만나지 못한 아쉬움이 여운으로 맴돌기도 한다. 그러면서 '인연이 되면 다음에 보고 안 되면 될 때까지 기다리는 것이 그리움이다'처럼 능청스럽게 삶의 보편적 정서를 풀어내고 있다.

> 꽃의 웃음과 향기가 번지면 나는 꽃순이어요.
> 친구들에게 내 마음이 절로절로 한 방울 두 방울 튀어요.
> "인동덩굴인데 향 좀 맡아봐.
> 흰 꽃으로 피었다가 벌이 수분하면 노란 꽃으로 바뀌는데,
> 벌에게 수분 안 된 흰 꽃을 보여주려는 거야."
> "와아~ 진짜 신기하다!"
> "이쁘기도 해라. 근데 옆에는 무슨 꽃이야?"
> 꽃의 웃음과 향기도 번지면 마음이 부들부들해져요.
> ─「번지다」

그는 지금까지 참으로 많은 꽃을 만났다. 눈을 감고도 지금 언제 어디쯤에서 무슨 꽃이 피는지 훤하게 그려진다. 투구꽃,

용담꽃, 들국화, 할미꽃, 꽃다지, 얼레지, 진달래, 이팝나무꽃, 은난초, 깽깽이풀, 노랑제비꽃, 각시붓꽃, 옥녀꽃대, 윤판나물, 산작약, 구절초, 산국, 제비꽃, 양지꽃, 중의 무릇, 으름난초, 바람꽃, 별꽃, 앵초, 생강나무, 멀구슬나무, 산벚…… 그녀의 마음속 풍경이다.

그가 숲에 들면 나무도 꽃도 풀도 새도 곤충도 모두가 한결같이 맑게 다가온다. 특히 신성하고 생명감으로 충일한 봄의 산은 인위적인 의미부여보다는 그 안에 안기는 자체로 힐링이고 위로가 되기 때문이다. 그냥 산 구석구석에 얼굴을 내미는 야생의 몸짓을 닮아가고 싶은 것이다. 나쁜 사람을 만나면 나빠지고 착한 사람을 만나면 착해지듯 봄꽃을 만나면 하루하루가 다 기적 같은 환희이기 때문이다

산에서 만난 모든 작은 생명체에서 그의 모습을 보게 될 때 삶을 이해할 수 있기 때문이다. 잘 줍기 위해서는 잘 보아야 하고 잘 보기 위해서는 잘 읽어야 한다. 책, 문화, 역사, 대상, 자연, 타인, 세계, 나를 잘 보고 잘 읽는 것, 특히 자연과 대화를 나누는 것이 중요하다. 자연과 잘 소통하려면 키를 낮추어 풀과 꽃을 바라보는 자연을 존경하는 마음이 밑자리 할 때 자연은 마음을 열어 보인다.

가도 가도 제비꽃,
나도 나도 양지꽃,
산괴불주머니, 족도리풀,
각시붓꽃들이 엎치락뒤치락
길을 막고 섰어요.
걸음걸음 엎어지다.
꽃 피고 새순 돋는 나무 타고 놀다가,
마침내 어스름에 쫓겨 허둥지둥
둥지 찾아드는 새처럼 퍼덕거려요.
― 「산에만 가면 늦는다」

  온갖 야생화를 만나는 산에 드는 길은 꽃길이고 해가 지는 줄도 까맣게 잊고 꽃에 젖어드는 산행은 항상 늦을 수밖에 없는 것이다. '가도 가도 제비꽃 나도 나도 양지꽃'은 이미 시인은 꽃과 한 몸이 된 언어유희. 산괴불주머니 앞에 서면 산괴불주머니가 되고, 족도리풀을 만나면 족도리풀이 되는 것이다. 틈만 나면 꽃을 찾아다니는 꽃쟁이, 그래서 시인이 가는 길은 언제나 꽃길이다. 해가 넘어가도 홀로 산에 들었다고 풀잎들이 수런거리고 목청 큰 꿩이 온 산에 소문내는 산행길에는 그리움도 절로 피어난다.(「산행」) 그런 가운데 자유롭게 피는 꽃의 열정을 만나고 삶의 환희를 끌어올려주는 깨달음도 만나면서 절정의 뜰 안에서 함께 웃는 자신을 만난다. 돌아오는 길이 아무리 어두워도 마음은 언제나 뒤태 고운 사람이 된다.

    봄비 머금어 무겁다고
    툭툭 떨어져 펼쳐진 동백꽃의 길.
    겨우내 어둠에 쫓긴 노을 모아서
    지는 꽃도 저리 고와라.
    한 세상 살겠다고
    애면글면 세월엔 이끼 끼어도.
    올려다보면 벚꽃 구름
    무더기무더기 흘러가는 늦은 귀가길.
    어둔 하늘을 날아오르는 흰 나비 떼.
    목련꽃 마지막 춤사위에
    젖어버린 마음
    살며시 밟으며 가네.
                                 -「꽃길」

  창작은 사유의 창을 통해 들여다본다. 사유는 세상과의 접속을 잠시 끊고 가만히 있는, 즉 인풋in-put도 아웃풋 out-put도 아니고 노풋no-put 상태로 있는 거다. 김화영 선생의 『행복의 충격』에서 햇살들을 하나하나 분류한 것을 본적이 있다. 부활절에 꽃물결처럼 피부를 간질이는 햇빛, 저녁나절 가벼운 바람에 실려와 목덜미를 쓸고 가는 햇빛, 가을철 분수의 물줄기를 타고 천천히 걸어 내려오는 햇빛, 창밖에서 내다보면 언제나 '따뜻한 겨울'의 환상을 주는 노랗고 투명한 햇빛, 베란다의 베고니아꽃 속에 자란자란 고이는 햇빛 등이다. 세상의 풍경은 이렇듯 사색과 사유의 힘에 의해 보이기도하고 느끼기도 하는 것이다.

시인의 사색 또한 자연이 하늘하늘 웃어주고 손짓하는 자리에서 함께 가만히 웃어주는 일이다. 그래서 매일같이 산을 오르고 꽃을 만나는 일이 고마운 일이다. 그래서 시인에게는 지는 꽃도 곱게 다가오고 애면글면 세월에 이끼가 끼는 것을 감지할 수 있고, 목련꽃 마지막 춤사위에 젖어든 마음도 가벼울 수 있는 것이다. 아무리 힘들어도 사색과 사유에 기대이 세상을 만나면 하루하루가 꽃길이 된다.

약장제거무비초若將除去無非草 호취간래총시화好取看來總是花 베어버리자니 풀 아닌 게 없지만, 두고 보자니 모두가 꽃이더라. 호학심사好學深思, 심지기의心知其意. '즐겨 배우고 깊이 생각해서 마음으로 그 뜻을 안다'의 의미를 다시 생각해봤으면 한다. 박웅현의 「다시, 책은 도끼다」에 인용된 주자의 어록과 사마천의 어록이다.

  어디서 누구와 어떻게 보느냐에 따라 베어야 할 잡초가 되기도 하지만, 가만히 들여다보고 있자면 실은 향기로운 꽃일 수 있다. 그의 시적 사유의 근저에는 온생명사상이 밑자리하고 있다. 시인에게 풀과 꽃과 나무는 자신의 존재와 등가물等價物로 자리하고 있다. 꽃을 보고 좋아하는 사람의 마음 안에 향기로운 꽃망울이 감춰져 있음을 모르는 것을 안타까워하고, 그동안 무심하게 지나쳤던 것들이 알고 보면 아름답고, 귀한 꽃이었음을 깨닫는다.

  몇 편의 시를 통해 신은하 시인의 시를 살펴보았다. 앞서 밝힌 바와 같이 그의 시적 방향은 아픈 삶의 편린을 재편집하거나 자연과 더불어 훼손되지 않은 원형의 착한 안부를 물으면서 삶을 다독인다. 시인의 시를 만나면 마음이 포근해지고 여유로워지는 까닭도 시 속에서 꽃과 나무와 풀에게 제 감정을 디밀어보고, 자연의 한 부분으로 삶의 의미를 되새겨보고, 그 순결한 순리 속에 나를 대입시켜보는 일이 행복하기 때문이다. 마음이 따뜻해지는 시, 신은하 시인의 시를 만나면 나무와 풀과 바람과 꽃들 속에서 삶을 다독이는 행복한 일탈로 초대되어 시와 함께 행복해진다.